Die blaue Bank

Gott zu Gast in meinem Garten

Antje Rein

SCM Collection

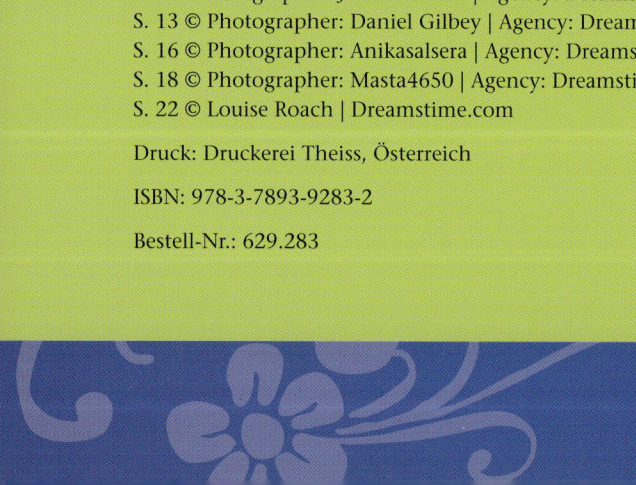

Alle Bibelverse nach der Lutherbibel, rev. Text 1984,
durchges. Ausgabe in neuer Rechtschreibung,
© 1999 Deutsche Bibelgesellschaft, Stuttgart

2. Auflage 2008
© 2008 SCM Collection Verlag im SCM-Verlag GmbH & Co. KG, Witten

Gesamtgestaltung: Miriam Gamper, www.dko-design.de

Umschlagfoto: Friedrich Strauß, Seysdorf
Fotos: © Shutterstock,
S. 9 © Photographer: Jeanne Hatch | Agency: Dreamstime.com,
S. 13 © Photographer: Daniel Gilbey | Agency: Dreamstime.com,
S. 16 © Photographer: Anikasalsera | Agency: Dreamstime.com,
S. 18 © Photographer: Masta4650 | Agency: Dreamstime.com
S. 22 © Louise Roach | Dreamstime.com

Druck: Druckerei Theiss, Österreich

ISBN: 978-3-7893-9283-2

Bestell-Nr.: 629.283

Inhalt

Willkommen
auf der blauen Bank

Da steht sie nun, meine neue blaue Bank. Frisch gestrichen leuchtet sie schon von Weitem durch unseren Garten. Eingerahmt von zwei Schneeballsträuchern, einem alten weißen Fliederbusch, den wilden Brombeeren und einer neu gepflanzten Kornelkirsche. Sie signalisiert: Hier könnte dein Lieblingsplätzchen sein. Halt ein, setz dich hin und lass deine Gedanken wandern. Schön ist das, einfach dazusitzen mit einer Tasse Kaffee, ein paar lieben Menschen oder einem gutem Buch. Ich genieße das.

Möchten Sie sich ein Weilchen zu mir setzen? Kommen Sie her, hier ist noch Platz. Lassen Sie Ihren Alltag für einen Moment hinter sich und folgen Sie mir in Gedanken bei einem Gang durch meinen Garten.

Er ist noch jung und doch schon lebendig und voller Pflanzenfülle. Erst vor wenigen Jahren haben wir ihn angelegt. Bei der Suche nach einem passenden Grundstück für den Hausbau waren uns das Umland und der „Lebensraum Garten" sehr wichtig. Um uns diesen „erweiterten Wohnraum" zu ermöglichen, haben wir beim Bau des Hauses bewusst auf manche teuren Extras verzichtet. Unser Extra ist der Garten. Besonders im Blick auf die Kinder, ihren Drang nach Aktivität und ihre Lust, die Natur zu entdecken und zu erforschen, haben wir uns so

entschieden. Bei der Planung der Anlage war uns wichtig, die Vielfalt und den Reichtum der Natur in unseren Garten zu holen. Wir haben verschiedene heimische Gehölze gepflanzt, viele mit Früchten, die Menschen und Tiere genießen können. Bei der Auswahl der Obstbäume griffen wir auf alte Sorten zurück, die schon lange hier beheimatet sind.

Der Garten ist in verschiedene Bereiche unterteilt. So gibt es eine Kinderecke mit einer riesigen Sand- und Matschkuhle, in der selbst größere Kinder noch Ideen zum Spielen finden. Nebenan haben wir eine Erdbeerwiese angelegt mit einer Mischsorte aus Wald- und Gartenerdbeere, die verwildert und schon nach kurzer Zeit einen richtigen Teppich bilden soll. Mehrere Jahre konnten wir uns schon an den saftigen und aromatischen Früchten erfreuen, die noch so richtig nach Erdbeeren schmecken. Von der Naturparkverwaltung stammen die geschnittenen Weidenruten, aus denen wir ein lebendiges Tipi gepflanzt haben. Es wächst immer mehr zu, dient auch als Rankhilfe für die Stangenbohnen und ist so ein richtig lauschiges Plätzchen zum Verkriechen.

Im hinteren Teil des Gartens befindet sich eine „wilde Ecke". Einige alte Robinien, eine Brombeerhecke, Flieder und Haselnuss fanden wir schon vor. Ein paar Sträucher

haben wir ergänzt und nach und nach mit Bodendeckern unterpflanzt. Ein Zaunkönigpärchen hat dort sein Nest gebaut. Wenn ich im Frühsommer in Richtung des Fliederbusches gehe, schimpft dort so ein winzig kleiner Kerl in gewaltiger Lautstärke und mit durchdringendem Gekrächze auf mich los. Wie konnte ich es wagen, in die Nähe seiner Jungen zu kommen...

Unser Gemüsebeet ist kreisrund. Umgeben von einer dichten Hecke aus Beerensträuchern liegen wie Kuchenstückchen die verschiedenen Gemüseabteilungen. Von jedem ein bisschen was, ein paar Tomaten, Salat und Kohlrabi, Zwiebeln, Mohrrüben und Dill, Rote Beete, Brokkoli und ein paar Kohlpflanzen. Dazwischen immer wieder mal ein paar Radieschen und verschiedene Kräuter. Alles schön gemischt nach System und möglichst so, dass die Pflanzen sich gegenseitig in ihrem Wachstum unterstützen und nicht hemmen. Auch die „richtigen Erdbeeren" haben hier ihren Platz gefunden. Von Süden her ist das Beet offen und nur mit ein paar Blumenstauden bepflanzt, sodass die Pflanzen genügend Sonne abbekommen. Kräftig orange Ringelblumen und Tagetes, Jungfer im Grünen und Margeriten, Vergissmeinnicht, Mohnblumen, Stiefmütterchen und Tränendes Herz bilden in ihrer bunten Vielfalt den Blickfang für das Beet.

Zur Straße bildet eine gemischte Hecke aus Weißdorn, Eiben und Liguster einen natürlichen Abschluss des Grundstücks. Irgendwann wird sie dicht gewachsen sein und die Vögel können sich am Beerenschmaus erfreuen. In dieser Art von Garten zu leben ist für mich nicht selbstverständlich. Ich empfinde es als großes Geschenk und stehe oft wie verzaubert da und genieße die Vielfalt und Fülle. Ich bin ein sehr aktiver und kreativer Mensch, stecke in alles Mögliche meine Nase rein und engagiere mich da und dort. Meine berufliche Arbeit in der Kirchengemeinde macht mir Freude, dazu kommt das Leben in der Familie und in unserer Lebensgemeinschaft, die wir vor ein paar Jahren hier gegründet haben. Ich schreibe gern und bin gelegentlich als Referentin unterwegs. Menschen kommen zu mir, um Hilfe in ihren Lebens- und Glaubensfragen zu erhalten. Ein buntes und reiches Leben – manchmal zu bunt!

Der Garten ist für mich der Ort zum Auftanken. Hier kann ich zur Ruhe kommen und meine Seele baumeln lassen. Die Farben, Formen und Gerüche erfrischen mich. Ich liebe es, in der weichen braunen Erde zu wühlen. Hier bin ich mittendrin im Lebendigen. Ich habe mich viel mit den Vorgängen im Garten beschäftigt, weiß manches über die Struktur des Bodens und über die Wechselwirkungen, die Pflanzen aufeinander haben. Erst seitdem ich so ein wenig hinter die Kulissen der „Lebensbühne Garten" geschaut habe, macht es mir Spaß, darin zu arbeiten.

Es gab Zeiten, da hätte ich mir nicht im Traum vorstellen können, einmal so begeistert davon zu sein. Gärtnern war in meinen Augen eher etwas für Vorruheständler oder zumindest für Leute mittleren Alters, die in biederen Verhältnissen leben. Als die Kinder kamen, fand ich durch sie einen ganz neuen Zugang zur Natur und habe mir Schritt für Schritt diese Liebe erobert. Auch verschiedene Beispiele von jüngeren engagierten „Erdwühlern" begeisterten und faszinierten mich. Da kam so etwas Uriges, Lebendiges rüber – das wollte ich auch haben. Und warum soll ich mir das teure Bio-Gemüse kaufen, wo es doch so tolle Möglichkeiten gibt, selbst Dinge anzupflanzen?

Dafür muss man auch nicht immer einen riesigen eigenen Garten haben, ein paar Blumentöpfe auf dem Balkon oder vor der Haustür, ein „gemietetes Beet" im Garten von Oma oder der Freundin oder auch ein preiswerter kleiner Pachtgarten eröffnen neue Möglichkeiten.

Im Laufe der Jahre habe ich in mir ein buntes Buch mit Gartenträumen angelegt. Die Gärten meiner Kindheit sind in der Erinnerung immer mit Vielfalt, Blumenreichtum, Freiheit und vor allem mit Gerüchen verbunden.

Der Garten meiner Tante in der Lausitz ist für mich so ein Inbegriff von „Gartenpracht". Selten genug waren wir da, aber umso intensiver sind die Erinnerungen an würzige schwarze Johannisbeeren, dunkelrote Knorpelkirschen und ihren berühmten „Ribiselkuchen" mit roten Johannisbeeren und Eischnee. Es hat in ihrer Küche immer nach irgendetwas Fruchtigem gerochen; ein Kompott, eine Marmelade oder Eingemachtes standen fast immer auf dem Herd.

Unser Garten zu Hause war anders, größer und weitläufiger mit vielen alten Obstbäumen und Platz zum Toben, Spielen und Träumen. Gemüsebeete und Blumen gab es da auch. Die riesige Wiese mit den wilden Narzissen im Frühling und den vielen bunten Blumen im Sommer hatte es mir besonders angetan. Was habe ich im Frühsommer Blumensträuße gepflückt! Und jedes Jahr aufs Neue an dem darauf folgenden Heuschnupfenanfall gelitten.

Gartenerinnerungen sind für mich auch immer mit den Personen verbunden, denen die Gärten gehörten. Oft mit den Frauen, die sie hauptsächlich gestalteten und mit Leben füllten. Da ist zum Beispiel meine „Wirtin" im Erzgebirge, bei der ich während der Lehrzeit wohnte. Aus ihrem Garten hat sie immer wieder etwas Köstliches für die Küche geerntet und mir manche Tricks für die Zubereitung beigebracht. Da ist die „Gartenschwester" im Garten der Bibelschule, in der ich meine zweite Ausbildung erhielt. Einen großen Teil ihres Lebens hat sie damit verbracht, gemeinsam mit anderen den riesigen Garten dort zu pflegen und zu bebauen. Damit schuf und erhielt sie für die Schwesternschaft ein Stück Lebensgrundlage.

Auch bei der Anlage unseres Gartens erlebe ich, dass Frauen wohl einen ganz besonderen Zugang zu allem Schönen und Farbenfrohen haben müssen. Eine mir nur flüchtig bekannte Nachbarin blieb am Zaun stehen, als ich gerade im Garten arbeitete: „Ach, das ist aber schon schön geworden bei Ihnen. Ich habe noch so einen wunderschönen Phlox zu Hause, der blüht leuchtend violett, kann ich Ihnen einen Teil davon vorbeibringen?" Eine andere Bekannte bot an: „Bei uns sind in diesem Jahr so viele Tagetes aufgegangen, die würden sich hier so richtig gut bei Ihnen machen, sie blühen den ganzen Sommer über und haben so eine schöne Farbe."

So kommt es, dass ich in meinem Garten viele verschiedene Blumen von ganz verschiedenen Frauen habe, auch aus verschiedenen Teilen Deutschlands. Alle haben mit ihren Gaben zur Verschönerung meines Gartens beigetragen.

Der Garten hilft mir oft dabei, Lebens- und Glaubenszusammenhänge besser zu verstehen. Wenn ich winzige Samenkörner in die Erde lege, bringt es mich immer

wieder neu zum Staunen, wie daraus oft in kürzester Zeit riesige Pflanzen wachsen. Gottes Welt ist so reich und bunt. Der Garten hilft mir auch dabei, geduldig zu werden. Wie lange musste ich warten, bis ich wusste, wie die Früchte der jungen Obstbäume schmecken, die wir gepflanzt hatten! Manche Dinge müssen sich einfach erst entwickeln, brauchen ihre Zeit, die richtigen Bedingungen und etwas Pflege. Nicht alles, was schnell wächst, schmeckt auch gut.

Dieses Buch ist eine Einladung an Sie. Machen Sie sich mit mir auf den Weg und wagen Sie einen Blick hinter die Kulissen der „Lebensbühne Garten". Werden Sie sensibel für das Wirken Gottes in der Natur und in Ihrem eigenen Leben. Und schreiben Sie mein Buch weiter – mit Ihren eigenen Gedanken, Erlebnissen und Erkenntnissen ...

Antje Rein, im Februar 2007

Frühling

Frühlings
pioniere

Wann kommen sie endlich raus? Ist schon was zu sehen? Ungeduldig gehe ich mindestens einmal pro Tag nach draußen in diesen Zwischenwochen, in denen es gerade noch Winter und noch nicht ganz Frühling ist. Die Tage werden wieder länger und das Mehr an Tageslicht wirkt sich nicht nur positiv auf das Wachstum der Pflanzen in meinem Garten aus. In der Zeitung verfolge ich schon fast zwanghaft, wie viele Minuten die Sonne jetzt früher auf- und später untergeht. Der lange Winter sitzt mir in den Knochen, ich fühle mich „rundgesessen" und habe ein unbändiges Bedürfnis nach frischer Luft, Sonne, Bewegung und Leichtigkeit. Endlich wieder ohne Jacke und dicken Schal nach draußen gehen, endlich wieder einen Korb voll Wäsche in der Sonne aufhängen und nach ein paar Stunden getrocknet abnehmen. Die Sehnsucht nach dem Frühlingsleben wächst so stark, dass ich es fast nicht mehr aushalte.

Als könnte ich durch mein ständiges Nachschauen das Wachstum beschleunigen, mache ich Tag für Tag meine Runde. Sind die Winterlinge schon zu sehen? Schauen die Schneeglöckchen schon ein Stück weiter heraus? Gibt es da und dort schon Farbtupfer im tristen Einheitsgraubraun des Gartens?

Die Nachbarn mit viel Zeit fangen jetzt schon an, ihre Beete von den Resten des Winters zu räumen. Jeder noch so kleine Sonnenstrahl lockt uns alle nach draußen und wir nehmen das alljährliche Ritual „Gartenfrühjahrsputz" wieder auf. Schon sehe ich beim Gang durch die Stadt die ersten geharkten Beete. Mann, sind die wieder früh dran gewesen, so weit bin ich noch lange nicht bei mir.

Sind erst einmal die ersten Köpfchen der Schneeglöckchen zu sehen, dann dauert es nicht mehr lange, bis ihre anderen Blumenfreunde die Jagd nach dem besten Platz im Vorfrühlingsgewimmel aufnehmen. Wie liebe ich die kleinen Blausternchen, und ich freue mich jedes Jahr aufs Neue, wenn aus den zwei oder drei Stängelchen vom Vorjahr endlich ein kleiner blauer Busch geworden ist. Für mich setzen sie damit das Signal, dass ich sie teilen und an einer anderen Stelle beheimaten darf. Dann geht das Warten wieder weiter, so lange, bis Familie Blaustern an dieser Stelle keinen Platz mehr hat.

Um diese Zeit gibt es im Garten außer den täglichen Nachschaubesuchen und den ersten Harkversuchen noch nicht sehr viel zu tun. Die Unkrautsamen schlummern noch tief in der Erde, und zum Säen und Pflanzen ist es noch viel zu kalt und ungemütlich.

Allein diese wenigen kleinen bunten Farbtupfer locken mich nach draußen und es scheint, als wären sie das größte Wunder der Natur. Später, im Rausch der

„Wachet, steht im Glauben, seid mutig und seid stark!"

(1.Korinther 16,13)

Spätfrühlingsblüher und wenn die ersten Hitzeschauer über den Garten hereinbrechen, sind sie längst wieder in die Erde verschwunden, und niemand denkt mehr an sie. Ich nenne sie „Frühlingspioniere", weil sie es wagen, sich dem noch kalten Wind und den Frösten der Nacht auszusetzen und ihnen zu trotzen.

Manchmal habe ich das Gefühl, dass wir Christen inzwischen auch schon zu dieser Spezies gehören – in einer immer kälter und liebloser werdenden Welt stehen wir (mehr oder weniger) wacker unseren Mann und unsere Frau und versuchen, einen Farbtupfer der Liebe Gottes zu setzen.

Manchmal überraschen uns die Nachtfröste eiskalt und wir ziehen uns resigniert zurück in die warme Kuscheligkeit unserer Gemeindehäuser und Hauskreise. Dabei war das so ja eigentlich nicht gedacht, wenn Jesus davon sprach, dass wir Licht der Welt und Salz der Erde sein sollen. Was gibt uns den Mut, uns der kalten Wirklichkeit unserer Welt auszusetzen, uns hinzustellen mit Mut und Selbstbewusstsein und deutlich zu zeigen: Ich stehe ein für eine andere Dimension von Leben? Sind nicht die Menschen um uns herum, so ähnlich wie ich in meinem Vorfrühlingsgarten, auf der Suche nach jedem noch so kleinen Krümel Hoffnung und Lebensfarbe? Die Frühblüher in meinem Garten erzählen davon, dass bald eine neue, frische und lebensfördernde Zeit anbricht. Sie sprechen mich an in meiner tiefsten Sehnsucht nach Wärme und Licht. Als Christin möchte ich mit meinem Leben ebenso eine Vorbotin sein für das, was Gott gemeint hat mit „Leben in Fülle". Mit meinem Leben bin ich winzig, oft unscheinbar und verletzlich. Und doch recke ich meinen Kopf aus der Erde und rufe: „Leute, es naht eine bessere Zeit. Nehmt mich als Signal für den Anbruch des neuen Lebens."

Auf geht's, Geschwister, lasst uns mutige Frühlingspioniere sein und darauf vertrauen, dass der Geist Gottes durch uns die Botschaft vom Leben in die Welt hineintransportiert.

Zum Nachdenken:

 Ich mache mir neu bewusst, dass ich mit meinem Dasein eine Botschaft der Liebe Gottes in dieser Welt bin. Ich nehme mein Amt als „Frühlingspionier" neu an und bitte Jesus, sein Licht und seine Farbe durch mich in meiner Umgebung zu verbreiten.

 Wem kann ich heute ein Farbtupfer des Lebens sein? Gibt es jemanden, den ich besuchen oder anrufen könnte, der ein gutes Wort von mir braucht oder für den ich beten sollte?

Überraschung eingeplant

Jedes Jahr im Frühling packt mich dieser Drang: Ich muss einfach nach draußen, die frische Erde riechen, erleben, wie sie sich nach dem Winter anfühlt und damit hautnah spüren, dass es wieder losgeht. Ich will es nicht nur am Kalender ablesen oder mir vom Wetterbericht sagen lassen, dass es soweit ist. Alle meine Sinne wollen den Wechsel der Jahreszeiten erleben. Und dann hacke ich und grabe, lege Körner in die Erde, mache Pflanzpläne und fahre zur nächsten Gärtnerei, um mir die ersten kleinen Gemüsepflanzen zu holen. Dieses spezielle Gefühl von Neuanfang, Ursprünglichkeit und Frische will sich das ganze Jahr über nicht wieder einstellen. Deshalb liebe ich es auch so und würde es am liebsten festhalten.

Besonders wertvoll erscheint es mir, jedes Jahr im Frühling bestimmte „alte Freunde" vom letzten Jahr wiederzutreffen – die Narzissen mit ihren großen gelben Leuchteblüten und die lila Veilchen, die immer mehr Ecken meines Gartens erobern, ohne dass ich sie jemals dorthin gepflanzt hätte.

Von einer alten Pfarrfrau mit einem wunderschönen Bauerngarten habe ich gelernt, erst im späteren Frühjahr gründlich zu hacken und „Unkraut" zu zupfen. Bis dahin kann erstmal vieles ungestört wachsen und sich entwickeln. Da sind hier ein paar Ringelblumen, die neu aufgehen, dort wächst der Borretsch von alleine, und selbst ein paar Tagetes haben sich über den Winter retten können und strecken mutig ihre kleinen Blättchen in den Frühlingshimmel. Hätte ich sofort nach dem Winter „klar Schiff" auf meinen Beeten gemacht, wären viele dieser netten Gäste mitentfernt worden. So kann ich in Ruhe entscheiden, was auf dem Beet bleiben darf,

„Kommt her und sehet an die Werke Gottes, der so wunderbar
ist in seinem Tun an den Menschenkindern."

(Psalm 66,5)

was versetzt wird oder dann doch irgendwann weichen muss.

Mir drängt sich der Vergleich mit meinem eigenen Leben auf. Oft gehe ich damit sehr zielstrebig und gradlinig um, mache Pläne und versuche sie zu verwirklichen. Ich erbitte von Gott die Erfüllung mancher Wünsche und engagiere mich dafür, Ideen in die Tat umzusetzen. Im privaten Bereich, in der Familie, im Berufsleben, in der Gemeindearbeit sollen sich die Dinge möglichst positiv entwickeln und verbessern.

Daran ist nichts auszusetzen. Trotzdem entdecke ich, wie mir diese Orientierung auf die großen Ziele manchmal den Blick für die „Nebenprodukte" verstellt.

Gott handelt in meinem Leben – das wird auch an den ganz normalen Alltäglichkeiten sichtbar. Beim genauen Hinschauen lassen sich da eine Menge kleiner „Pflänzchen" entdecken, die einfach so nebenbei im Boden meines Lebens gekeimt und aufgegangen sind. Es lohnt sich, sie aufzuspüren und dankbar wahrzunehmen.

Zum Nachdenken und Tun:

✂ Der Frühling lädt ein zum Renovieren – gestalten Sie doch ein Beet, eine Fensterbank oder die Terrasse völlig neu, so als geschähe es zum ersten Mal. Lassen Sie sich inspirieren, nehmen Sie Lektüre dazu, holen Sie sich fachmännischen Rat und legen Sie los.

✂ Wie sieht es in Ihrem Leben mit den „Nebenprodukten" aus, die Gott fast unbemerkt geschenkt hat? Machen Sie sich auf die Suche nach ihnen und entdecken Sie den Reichtum, den Gott in Ihr Leben hineingelegt hat.

✂ Nehmen Sie sich einen Moment lang Zeit für folgende kleine Übung: Sie setzen sich bequem in einen Sessel oder auf Ihr Lieblingsplätzchen im Freien. Dann gehen Sie in Gedanken jeden Teil Ihres Körpers durch – den Kopf, den Hals, den Oberkörper, die Arme, die Beine, Ihre Füße usw. Bei jedem Teil Ihres Körpers erinnern Sie sich einmal bewusst an seine Funktion. Staunen Sie über den Atem, der Sie mit Sauerstoff versorgt. Bewundern Sie die Funktion Ihres Gehirns, der Augen, Ohren, Ihrer Sinne. Fühlen Sie das, was Ihre Hände gerade greifen. Und nehmen Sie bewusst wahr, dass Ihre Beine, Gelenke und Füße Sie von einem Platz zum anderen tragen können.

Genauso können Sie es mit der Umgebung Ihres Sitzplatzes machen. Staunen Sie über Farben, Formen, Gerüche und Geräusche, die Sie umgeben. Nehmen Sie es dankbar wahr, dass Sie umgeben sind von Tausenden kleinen und großen Wunderwerken, und dass auch Sie selbst ein solches sind.

Weggeworfen

In der Erinnerung verblassen manche Geschehnisse oder wir vergessen sie ganz. Auch Erinnerungen verändern sich im Laufe der Jahre, und wir wissen nicht mehr, wie eine Situation, ein Ereignis eigentlich wirklich vonstattengegangen ist. Wissenschaftler sagen, dass wir uns entsprechend unseren heutigen Wert- und Lebensvorstellungen erinnern. Unsere heutige Sicht auf die Geschehnisse von damals hilft uns, unserem Lebensmuster auf die Spur zu kommen.

In meiner Erinnerung ist eine kleine Geschichte noch ganz lebendig. In dieser Geschichte bin ich mit meinem Vater unterwegs in einer Gärtnerei in der Nähe meines Heimatortes. Was wird dort holten, weiß ich nicht mehr. Ich kann auch nicht mehr sagen, welche Jahreszeit gerade war. Für mich habe ich entschieden, dass diese Geschichte eigentlich nur im Frühling passiert sein kann. Mein Vater hatte seine Einkäufe erledigt und wir waren schon wieder auf dem Weg zum Auto. Plötzlich macht er mich auf etwas aufmerksam, das auf dem Boden lag. Er

hob es auf und wir schauten es uns gemeinsam an. In der Hand hielt er einen schlichten, braunen Zweig, der schon etwas vertrocknet war. Einige Leute waren wohl auf ihn getreten. Das Besondere an dem Zweig war, dass ganz unten noch einige winzige Wurzelreste zu sehen waren. Mein Vater meinte, dass wir doch diesen Zweig mitnehmen und zu Hause einpflanzen könnten.

Das taten wir dann auch und waren gespannt, was sich daraus entwickeln würde. In meiner Erinnerung gibt es dann eine Pause von mehreren Jahren, und ich weiß nur noch, dass aus dem unscheinbaren kleinen Pflanzenrest ein wunderschöner großer Forsythienstrauch geworden ist. Für mich war es immer „mein Busch", weil ich ihn gerettet und zusammen mit meinem Vater wieder ins Leben zurückgeholt hatte.

Vielfach machen Menschen eine ähnliche Erfahrung. Sie fühlen sich wie weggeworfen, entwurzelt, ohne Halt und festen Boden. Ihnen wurde der Raum zum Leben genommen und sie befinden sich

in einer Art „Zwischenzustand" – schon noch irgendwie am Leben, aber innerlich eigentlich tot, abgestorben, aufgegeben.

Nicht immer ist jemand da, der sich ihrer annimmt, sie – bildlich gesprochen – aufhebt und wieder in einen lebenswerten Raum setzt. Viele Schreie nach Hilfe bleiben ungehört, und Menschen können oft jahrelang äußerlich die Fassade aufrechterhalten, während sie tief in ihrem Inneren schon tausend Tode gestorben sind.

Der entwurzelte kleine Ast, den ich damals aufhob, ist wieder ins Leben zurückgekehrt. Indem er in die Erde kam, hat er seiner Bestimmung wieder nachkommen können und fing an zu wachsen und sich zu entfalten.

Mich erinnert die Geschichte an eine Stelle in der Bibel aus dem Buch Jesaja: „Das geknickte Rohr wird er nicht zerbrechen und den glimmenden Docht nicht auslöschen." (Jesaja 42,3)

Gott kümmert sich um jeden kleinen Ast, um jedes kleine Leben, um jedes noch so kleine Problem. Auch wenn wir manchmal das Gefühl haben, dass wir vergessen wurden und dass Gott anscheinend über den vielen Sorgen dieser Welt keine Kraft mehr hat, auch noch an uns zu denken. Das stimmt nicht! Gerade dann hebt Gott uns auf, ganz behutsam und vorsichtig, und setzt uns zurück ins Leben, an den Platz, wo wir hingehören. Er sorgt dafür, dass wir mit allem versorgt werden, was wir brauchen, um uns wieder neu einzuwurzeln.

Zum Nachdenken und Tun:

✄ Denken Sie darüber nach, wo Ihnen der Lebensraum genommen wurde. Wo wünschen Sie sich mehr Möglichkeiten zur Entfaltung? Oder wo sind Ihnen einfach Grenzen gesetzt, die es zu akzeptieren und auch zu betrauern gilt?

✄ Wem können Sie zu einem neuen oder verbesserten Leben verhelfen? Wo gibt es Möglichkeiten, für entwurzelte und hilfsbedürftige Menschen da zu sein? Wer könnte in Ihrer direkten Umgebung (in der Familie, am Arbeitsplatz oder in der Nachbarschaft) unter einem Mangel an Lebensraum leiden?

✄ Pflanzen Sie Neues, geben Sie bewusst einem Strauch oder einem Baum einen Raum zum Leben in Ihrem Garten und erinnern Sie sich daran, dass Gott auch für Sie den Boden zum Wachsen bereitet hat.

Der Tipp für die Gartenpraxis:

So schneiden Sie abgeblühte Forsythien:
Damit Ihre Forsythie auch im nächsten Jahr wieder herrlich blüht, muss sie geschnitten werden. So wird sie auch nicht zu hoch und zu dicht.

▪ Alle Triebe, die geblüht haben, werden bis auf zwei bis drei Knospen über dem Ansatz gekürzt.

▪ Bei gut angewachsenen Sträuchern etwa ein Drittel der älteren Zweige bis zum Stamm entfernen.

▪ Kräftige Äste mit einer Säge bearbeiten, da sie mit einer Gartenschere gequetscht werden könnten.

Blüten
explosion

> *„Liebet die ganze Schöpfung Gottes!*
> *Sowohl den ganzen Erdball wie auch das*
> *kleinste Sandkorn. Jedes Blättchen liebet*
> *und jeden Sonnenstrahl!*
> *Liebet alle Dinge! Wenn ihr das tut,*
> *so werden sich euch in ihnen*
> *Geheimnisse Gottes offenbaren."*

Fjodor Dostojewski

Eben noch Kahlheit und grau in grau – doch plötzlich, wie von unsichtbarer Hand entzündet, geht innerhalb weniger Wochen eine Explosion durch meinen Garten und die gesamte Natur. Als Höhepunkt des alljährlichen Frühlingsfeuerwerks erscheinen die Blüten – in allen Farben, Größen und Variationen. An den Obstbäumen in Weiß und zarten Pastelltönen, fast wie eine über die Bäume geworfene Blütendecke. Die Sonnenstrahlen locken Unmengen von Bienen und Hummeln an, und so wird aus dem eben noch vorfrühlingshaft stillen Garten ein Übungsraum für das Naturorchester. Aus allen Ecken und unter den Büschen hervor blinzeln neugierige kleine lila Veilchen hervor. Die Blütenkissen mit den hellblauen Vergissmeinnichtbüschen sehen einladend aus.

Pralle Blütenknospen der Pfingstrosen stehen kurz vorm Platzen und entfalten sich zu fedrigen rosa Knäueln. Der knallgelbe Löwenzahn drängt sich in den Vordergrund – ihn kann man einfach nicht übersehen, und er ist das Markenzeichen für den vollen Frühling. In sich trägt er diese ganz besondere Methode der Vermehrung, die garantiert, dass er jeden Frühling wieder überall erscheint, oft zum Leidwesen der Gärtner, aber zur Freude der Kaninchenzüchter. Und natürlich auch zu meiner Freude – denn wenn der Löwenzahn blüht, dann habe ich Geburtstag. Jedes Jahr aufs Neue staune ich dankbar, dass Gott sich für meine Geburt diese Jahreszeit ausgesucht hat. Eigentlich bräuchte ich gar keine Geschenke oder Extrablumensträuße. Wenn ich aus dem Fenster sehe oder draußen unterwegs bin, ist mir das schon fast Geschenk genug.

Mich am Blütenreichtum der Natur zu erfreuen fällt mir nicht schwer. Anders geht es mir manchmal bei den Menschen. Da gibt es Eigenschaften und Gaben bei anderen, die ich auch gerne hätte. Ich entdecke merkwürdige Gefühle in mir – so eine Mischung aus Eifersucht, Neid, Selbstmitleid und Bewunderung. Das „Erblühen" der anderen kann ich oft nicht einfach so genießen und mich daran erfreuen. Auch erlebe ich selber, dass ich für jemanden zum Angriff werde, wenn mir etwas gut gelingt oder ich an einer Stelle Begabungen einbringe. Ich kenne nur wenige Menschen, die richtig gut loben und ermutigen können.

Wenn ich in unser Land schaue, dann sehe ich an vielen Stellen Frauen, die für ihr Umfeld solche blühenden Pflanzen sind. Sie sind ernsthaft bei der Sache, haben ein Herz für ihre Aufgaben und wollen den Willen Gottes

erfüllen. Sie lassen sich nicht entmutigen durch Rück-
schläge oder längere Dürrezeiten. Immer wieder stehen
sie auf und lassen es in ihrem Leben durch den Geist
Gottes Frühling und auch Sommer werden. Im Gebet
ringen sie für ihre Familien und Gemeinden.
Ich nehme mir fest vor, mich an ihnen zu erfreuen. Ich
danke Gott für sie und will es ihnen auch hin und wieder sagen, welche farbenfrohen „Blüten" in ihrem Leben
sichtbar werden.

Zum Nachdenken und Tun:

- Wussten Sie schon, dass es eine ganze Reihe von Gar-
tenblüten gibt, die man auch essen kann? Empfehlen
kann ich die Blüten von Gänseblümchen, Veilchen,
Ringelblumen oder Borretsch. Wer's würzig mag, sollte Kapuzinerkresse probieren. Ein bunter Frühsom-
mersalat lässt sich mit Brennnesseln, Löwenzahn und
Kresse zaubern.

- Versuchen Sie, die Menschen in Ihrer Umgebung
mit neuen Augen zu sehen. Betrachten Sie ihre Gaben nicht als Angriff gegen sich selbst, sondern als
reichen Segen, den Gott in ihr Leben gelegt hat. Wen
könnten Sie ermutigen oder bestärken?

29

Sommer

Lebensraum gestalten

Grundsätzlich habe ich es ja ganz gerne, wenn alles um mich herum seine Ordnung hat. Es hilft mir in meinem Alltag, wenn ich weiß, an welchen Platz welche Dinge gehören, und ich mag es auch, wenn mein Tag gut strukturiert und organisiert ist. Die Realität sieht in unserem Fünfpersonenhaushalt dann oft ganz anders aus. Ich muss Unvorhergesehenes unterbringen und laufe meinem Ordnungssystem ständig hinterher.

Der Frühsommer im Garten gefällt mir auch deshalb so gut, weil alles noch so schön klar und übersichtlich aussieht auf den Beeten. Kleine zarte Pflänzchen in schnurgeraden Reihen bilden ganz symmetrisch ein tolles Muster auf unserem Kreisbeet. Das Grün lugt in den unterschiedlichsten Varianten genau dort aus der Erde, wo ich es hinhaben will. Ein gutes Gefühl: aufgeräumt und klar Schiff gemacht!

Nun ja, lange dauert es nicht, bis auch hier der eine oder andere Unkrautzwerg es wagt, meine schöne Ordnung zu durchbrechen. Oder traut sich doch tatsächlich ein Radieschen, direkt zwischen den Reihen aufzugehen? Spätestens wenn die grünen Winzlinge bis an den Rand meiner Gummistiefel gewuchert sind, ist von Symmetrie und klaren Linien nicht mehr viel übrig. Die Natur erobert sich zurück, was ich ihr mit meiner Gartenkultur wegnehmen wollte. Sie sucht ihren Platz zum Leben und will nicht eingezwängt werden in ein paar Quadratzentimeter vorgeschriebener Samenrillen. Und ich stecke als „naturnahe Gärtnerin" hier natürlich sehr im Zwiespalt. Will ich doch eigentlich, dass alles möglichst „natürlich" nebeneinander wächst, sich ergänzt und gegenseitig im Wachstum fördert. Und ich habe auch hier an dieser Stelle schon von den kleinen Fundstücken geschwärmt, die so nebenher in den verschiedensten Eckchen meines Gartens aus dem Boden geschossen sind.

Aber es hilft alles nichts. Wenn ich alles nur sich selbst überlasse, dann wird aus dem Lebensraum Garten schon bald ein üppiger Dschungel, in dem nur der Stärkste überlebt. Und das soll nicht so sein. Denn ich wünsche mir die Vielfalt der Arten und möglichst bunt gemischte Erntegaben. Also muss ich eingreifen und bestimmen, was wachsen darf und was nicht. Ich greife zur Hacke, ziehe heraus oder setze um. Was an einer Stelle nicht hinpasst, findet vielleicht in einer anderen Ecke den idealen Standort. Nur so ergibt sich ein Ganzes, das den Pflanzen und auch den Menschen wohltut.

Es gibt mir ein gutes Gefühl, ein Stück Land mit meiner Kreativität und auch mit meinem Verstand gestalten zu können. Gott hat uns die Natur anvertraut, damit wir sie

„bebauen und bewahren". Und ich bin mitten hineingestellt in diesen Auftrag. Ganz profane Gartenarbeit wird auf einmal zum aktiven Leben im Willen Gottes. So hat er es sich gedacht mit uns Menschen, dafür hat er uns diesen wundervollen Planeten Erde anvertraut. Ohne es bemerkt zu haben, bin ich auf einmal zur „Umweltschützerin" geworden und stelle fest, dass es eine zutiefst geistliche Bedeutung hat, wenn ich mich Jahr für Jahr um meine Mohrrüben, Erdbeeren oder Sonnenblumen kümmere.

Die Verantwortung, die Gott uns Menschen übertragen hat, beschränkt sich natürlich nicht auf die Gartenarbeit, sondern gilt für alle Bereiche unseres Lebens. Mein „Lebensraum", in den Gott mich gestellt hat, fängt mit meinem eigenen Körper an, geht über meine Partnerschaft, die Familie, Gemeinde, Freunde, Nachbarschaft, meinen Wohnort bis hin zu meinem Heimatland und dem Wissen, dass auch ich als Einzelne ein kleines Stück „Weltverantwortung" habe. Ich kann mich nicht einfach nur zurückziehen und „alles sich selbst überlassen". Auch wenn es mich Mühe und Arbeit kostet und ich Verstand und Intuition gebrauchen muss – ich soll als Mensch aktiv am Leben arbeiten. Wie gut, dass ich dabei nicht auf mich alleine gestellt bin. Gottes Geist kann mich inspirieren und leiten und mir dabei helfen, die richtigen Dinge zum richtigen Zeitpunkt anzupacken. Und wenn es mal wieder schiefgeht? Dann versuche ich es einfach noch einmal!

Zum Nachdenken und Tun:

Gehen Sie bewusst die verschiedenen Bereiche Ihres „Lebensraums" durch und fragen Sie Gott im Gebet, wo es dran ist, Dinge neu aktiv zu gestalten oder zu verändern. Wo haben Sie etwas an der falschen Stelle „sich selbst überlassen"?

Versuchen Sie, gezielt „umweltbewusst" einzukaufen. Vermeiden Sie Müll, greifen Sie auf natürliche Produkte zurück, die möglichst wenig verarbeitet wurden, und bevorzugen sie Erzeugnisse aus Ihrer Region und der entsprechenden Saison. Informieren Sie sich über ökologische Zusammenhänge. Auf das Leben um uns herum achtzugeben ist kein „Öko-Spleen", sondern Teil unseres geistlichen Lebens.

Sommerbunte
Beerenträume

Brombeeren, Erdbeeren, Fliederbeeren (Holunder), Heidelbeeren, Himbeeren, rote Johannisbeeren, schwarze Johannisbeeren, Maulbeeren, Preiselbeeren, Stachelbeeren, Sanddorn, Walderdbeeren ... Läuft Ihnen bei dieser Aufzählung auch das Wasser im Mund zusammen und Sie haben sofort jede Menge verschiedener Geschmacksrichtungen und Gerüche im Sinn? Nicht alle diese Beerenfrüchte werden im Sommer reif, aber wohl die allermeisten.

Sommerzeit ist Beerenzeit, und das heißt für mich: scheinbar unbegrenzte Vitaminfülle innerhalb kürzester Zeit. Allerdings sind nicht alle diese Früchte wirklich im Rohzustand und einzeln genießbar. Bei den Fliederbeeren wird es wohl mit dem Essen vom Busch generell schwierig, denn die Beeren sind roh giftig. Und Sanddorn kann ich auch nur in Maßen naschen, sein Geschmack ist schon sehr speziell. Kombiniert mit Äpfeln oder eben mit dem erwähnten Holunder lässt sich daraus aber ein wunderbares Gelee zaubern.

Eine Beere alleine macht noch keinen Sommer, erst in der Vielzahl und Verschiedenheit kommen sie wirklich zur Geltung und ergänzen sich gegenseitig in ihrem Geschmack. Allerdings liebe ich es, an lauen Sommerabenden durch den Garten zu stromern und noch da und dort zu naschen. Ein Griff, ein Biss, und schon habe ich diesen herb-säuerlichen Geschmack im Mund.

Früher wurde bei uns zu Hause immer ein Rumtopf angesetzt. Mit dem Reifwerden einer neuen Beerensorte wuchs der Inhalt des Topfes an. Irgendwann im Herbst oder Winter war er dann fertig und konnte genossen werden. Hier machte auch die Kombination der verschiedenen Früchte das ganz Spezielle aus. Ein Rumtopf nur mit Johannisbeeren oder nur mit Erdbeeren schmeckt irgendwie langweilig. Und Rote Grütze kann man schon aus nur einer Frucht machen, aber dann ist es auch nicht die besondere Rote Grütze, die erst durch die Mischung der Früchte zum allseits bekannten Klassiker wird.

Bei uns Christen ist das gar nicht so anders. Ich weiß nicht, warum wir immer wieder versuchen, andere mit unseren eigenen Maßstäben zu be- und oft auch zu verurteilen? Ist meine Glaubensrichtung nur deshalb die richtige, weil ich sie gewohnt bin, sie liebe und vielleicht in ihr meine entscheidenden Erfahrungen gemacht habe? Sind mir die anderen Konfessionen manchmal deshalb so suspekt, weil mir ihre Lehre einfach zu fremd erscheint und ich mich noch nie damit beschäftigt habe?

Ich weiß, ich begebe mich hier auf Glatteis, und das mitten im Sommer ... Natürlich haben die Christen schon immer darum gerungen, wie sich recht leben und glauben lässt. Nicht umsonst haben unsere Väter den biblischen Kanon festgelegt, Bekenntnisse und Streitschriften verfasst und kampfesmutig über die rechte Lehre gestritten. Als Ergebnis haben wir heute eine Vielzahl von Kirchen und Gemeinschaften. Nicht alle sind nach meinem Geschmack, das gebe ich ehrlich zu. Müssen sie ja auch nicht sein.

Aber ist vielleicht an dem Beispiel vom Rumtopf und von der Roten Grütze doch was dran und die Gesamtheit der Christen bekommt ihren besonderen Geschmack erst durch die Würze der einzelnen Gemeinschaften? Leben lässt Gott sie alle.

Zum Nachdenken und Tun:

✂ Wo hindert mich die Fixierung auf meine Lebens-
und Glaubenseinstellung daran, mit Offenheit und
Neugierde auf andere zuzugehen? Ist mir bewusst,
dass meine Angst vor dem Fremden ein reiner Schutz-
mechanismus ist?

Hier mein absolutes Lieblingsrezept
für die Beerenzeit:

Tante Lyssas Ribiselschnitten mit roten Johannisbeeren

TEIG: 150 g Puderzucker
1 Pck. Vanillezucker
3 Eidotter
3 Eßl. Wasser
50 g Butter
250 g Mehl
1/2 Pck. Backpulver
1/16 l Milch

BELAG: 3 Eiweiß
200 g Zucker
1 Pck. Vanillezucker
300 g Ribisel *(rote Johannisbeeren)*

ZUBEREITUNG: Zucker, Vanillezucker, Eidotter und Wasser schaumig rühren, nach und nach zerlassene Butter untermengen, Backpulver mit Mehl mischen, Milch unterrühren. Den Teig fingerdick auf ein gefettetes Backblech streichen, bei Mittelhitze (170 – 180 °C ohne Umluft) hellgelb backen. Eiweiß steif schlagen, den Zucker löffelweise unterschlagen, Vanillezucker und Ribisel zufügen. Die Masse auf den Teig geben, bei geringer Hitze (150 °C) fertig backen. Nach dem Erkalten wird der Kuchen in Schnitten geteilt.

Der Tipp für die Gartenpraxis:

Beerenobst ernten

- Reif sind die Früchte, wenn sie die volle Farbe zeigen, aber noch fest auf Druck reagieren. Sie müssen sich leicht von der Pflanze trennen lassen.

- Brombeeren und Himbeeren sollten Sie vorsichtig vom Blütenboden abziehen, während Stachelbeeren, Erdbeeren und Johannisbeeren samt Stiel abgetrennt werden.

- Der Sammelbehälter sollte sauber und trocken sein. Ernten Sie nicht zu viele Früchte auf einmal, sonst werden die untersten zerdrückt.

- Achten Sie darauf, dass die Früchte zum Zeitpunkt der Ernte trocken sind. Beginnen Sie mit dem Pflücken auf der Sonnenseite des Strauches. Der ideale Zeitpunkt ist der Vormittag eines trockenen Tages. Die empfindlichen Beeren vorsichtig ernten. Wenn ihre Außenhaut verletzt wird, halten sie sich nicht mehr lange.

- Die Früchte innerhalb von 30 Minuten ins Haus bringen. Die Beeren innerhalb von 24 Stunden verzehren oder verarbeiten, bis dahin kühl und trocken lagern. Decken Sie die Schale auf keinen Fall mit Plastikfolie ab, die hält die Reifegase zurück und beschleunigt die Nachreife. Ein Leintuch ist besser geeignet.

- Für alle Beerensträucher gilt: bei Trockenheit viel gießen!

Willkommen
im Dschungel

Sommerhitze, Sonne tanken, Zeit haben, Wasser genießen, ausruhen. Anschließend müde und geschafft nach zwölf Stunden Nachtfahrt morgens zu Hause ankommen – und dann das: Überraschung! Sollte das mein Garten sein, dieses krautige, blühende, überwucherte Stück Land? Innerhalb der letzten zwei Wochen kann nur jemand mit Spezialdünger und Treibhauswärme hier am Werk gewesen sein. Zarte kleine Unkrautpflänzchen sind zu Blühstauden mutiert, meine sorgsam gepflegten Tomatenstöcke hat die Braunfäule dahingerafft, neben den Salat sollte man gar nicht treten – dort wird scharf geschossen. Die Wildblumenwiese macht ihrem Namen alle Ehre, wirkt ausgesprochen wild, aber nur noch wenig blumig. Der Rasen sollte eher Almwiese heißen. Eine Herde Ziegen oder Kühe hätte ihre wahre Freude daran. Irgendwo hatte ich doch Bohnen hingepflanzt? Zwischen den Blättern des Weidentipis sind sie nicht wiederzufinden. Die Zucchini ähneln großen Keulen aus Wikingerzeiten. Das Erfreuliche sind die vollen Rispen der Beerensträucher. Sie laden sofort zum Sattessen ein. Keiner hat sich die letzten zwei Wochen an ihren Früchten erfreut. Schock und Wiedersehensfreude zugleich erfüllen mich. Der Nachbar berichtet mir dann von dem wunderbaren Wetter der letzten zwei Wochen – warm, sonnig, eben schön. Hin und wieder gab es wohl auch Regen, und wäre der mal ein paar Tage ausgefallen,

dann hätte er gleich unseren Sprenger angestellt. Darum hatten wir ihn ja auch gebeten ...

Während ich die Reste von zwei Wochen Intensiv-Familienzeit beseitige, Koffer entleere, die Waschmaschine fülle, zwischendurch versuche, die Post zu sortieren, und mit dem Schlaf kämpfe, wage ich hin und wieder einen Blick aus dem Fenster. Das sieht nach Arbeit aus! Kann ich die Zeit nicht noch mal eine Woche zurückdrehen, dann wäre ich jetzt immer noch ... – ach was, schön war's, und jetzt bin ich wieder hier.

Mit vereinten Kräften ist es einige Tage später tatsächlich gelungen, eine gewisse Struktur und halbwegs geordnete Verhältnisse zurückzugewinnen. Die Tomaten mussten leider komplett weichen, da war nichts mehr zu machen. Irgendwann habe ich dann auch die Bohnen wiedergefunden und war fertig mit der Beseitigung von mehreren Kilo Beerenernte. In der Nachbarschaft gab es wohl in diesen Tagen häufiger Zucchinigerichte. Der Kompostsammler blieb gut gefüllt zurück und die nächste Verrottungsaktion konnte beginnen.

Im Nachhinein stelle ich für mich fest, dass mir solche Dschungelerfahrungen auch in anderen Bereichen oft nicht erspart bleiben. Ich denke an mein Gefühlsleben – das treibt zu manchen Zeiten kräftig aus, und das nicht nur blumig und erfreulich, sondern reichlich „unkrautig". Da hilft mir dann nur, gut hinzuschauen und allzu

krassen „Auswüchsen" eine Grenze zu setzen. Es tut mir gut, mich an Jesus zu wenden und ihn zu bitten, in meinem Leben wieder eine Grundordnung herzustellen. Er hilft mir dabei, meine wirren Gedanken und Gefühle zu ordnen. Da gibt es zum Beispiel eine Reihe von sehr zerstörerischen und destruktiven Selbstbotschaften, die mich entmutigen und lähmen: „Schon wieder hast du so viel Zeit vertrödelt!" – „Ich wollte doch meinen Mund halten und nicht immer so gereizt auf ihn reagieren!" – „Wieso hast du dir schon wieder so viel vorgenommen?" So oder ähnlich klingen die Stimmen in meinem Inneren, die eine gewaltigen Schwung von Mutlosigkeit in mein Leben hineinspülen. Sie tauchen immer dann auf, wenn etwas nicht so läuft wie es sollte, und komischerweise halten sie sich sehr hartnäckig. Ich muss mich ihnen stellen, sie auf ihre Richtigkeit überprüfen und sie dann daran hindern, meinen „Lebensgarten" mit ihren krank machenden Wurzeln zu überwuchern. Dann gilt es, das zu pflegen, was ich anbauen und vermehren will. Das sind Vitaminspender und Gesundmacher wie Liebe, Freude, Freundlichkeit, Güte, Nachsicht und eine gute Portion Selbstdisziplin. Ich bin froh, dass Gott mir durch seinen Geist dabei hilft, diese Dinge in meinem Leben zu kultivieren. Den „Dschungel" erspart er mir dabei trotzdem nicht – der gehört wohl einfach dazu.

Zum Nachdenken und Tun:

▨ Lust auf was Neues? Wildobst ist fruchtig und gesund. Die Früchte von Felsenbirne, Kornelkirsche, Holunder, Vogelbeere oder Sanddorn lassen sich wunderbar zu Suppen, Marmelade, Gelee oder anderem verarbeiten. Mehr Infos unter www.wildobst.de

▨ Überlegen Sie, welche destruktiven Gedanken sich in ihrem „Gefühlsdschungel" hartnäckig halten und immer wieder an die Oberfläche dringen. Es lohnt sich, sie näher zu betrachten und herauszufinden, welchen Platz sie in ihrem Leben einnehmen sollen.

Der Blick

Hochsommer im Bauerngarten. Sonnenblumen recken sich majestätisch nach oben, kunterbunte Dahlien zeigen ihre Kugelbälle, die ersten Herbstastern fangen an, sich aus grasgrünen Blätterstängeln zu zwängen. Frisches Gemüse gibt es in Hülle und Fülle, die späten Himbeeren laden zum Naschen ein, und Kräuter wollen für den Wintervorrat geerntet werden. Das Obst an den Bäumen kommt langsam zur Reife, und auch der Kürbis auf dem Kompostbeet entwickelt sich in Richtung Riesenexemplar. Arbeit gibt es in dieser Zeit reichlich in meinem Garten, muss doch das schnell wachsende Unkraut ständig beseitigt werden und auch die vielen reichen Ernteschätze wollen verarbeitet sein.

Zwischendurch immer mal den Sommer genießen – durch die Beete streifen, hier und da naschen, den Geruch der regennassen Pflanzen einsaugen und den Reichtum und die Fülle tief im Herzen speichern für die kommenden tristen Wintermonate. Das alleine würde ja schon ausreichen, um zu sagen: Toll, es ist genug. Mehr will ich gerade nicht, ich bin zufrieden damit.

Aber leider darf es dabei nicht bleiben, denn ich sollte nicht verpassen, den Blick nach vorne zu richten und bestimmte Vorbereitungen für das nächste Gartenjahr zu treffen. Da sind die Erdbeeren, die unbedingt von ihren Senkern befreit und vereinzelt werden müssen. Stiefmütterchen, Bartnelken oder Vergissmeinnicht sät man im Sommer schon aus, damit sie im nächsten Jahr üppig blühen. Von verschiedenen Blumen sammle ich mir Samen ab für eine erneute Vermehrung. Dann kann das Wachstumswunder von vorn beginnen. Im frühen Herbst lege ich die Zwiebeln für die Frühblüher wieder in die Erde, damit gleich nach dem Winter ihre bunten Farbtupfer die grauen Beete beleben.

Also nichts da mit „Es reicht mir aus, was gerade ist." Das, was ich für die kommende Gartensaison vordenke und -arbeite, zahlt sich im neuen Jahr aus. Und wenn ich es versäume, dann muss ich den Mangel im kommenden Jahr in Kauf nehmen.

Im Garten ist es noch zu verkraften, wenn es mal ein Jahr ohne Erdbeeren oder eine bestimmte Blumensorte gibt. Zum Ersatz kann ich auf eine Vielzahl von Alternativen zurückgreifen. In anderen Lebensbereichen wird es schon weitaus deutlicher spürbar, wenn ich nur im Heute lebe und mir wenig Gedanken über die Folgen meiner momentanen Entscheidungen mache. Als spontane und manchmal auch sehr lustbetonte Frau habe ich das schon häufig ausbaden müssen. Mit einem Mal geht mir die Kraft aus, weil ich es versäumt habe, auf genügend Schlaf, Bewegung und gesunde Ernährung zu achten. Oder ich verliere den Kontakt zu wichtigen Menschen, weil die Zeit für Beziehungspflege fehlte. Manche meiner schnell dahingesagten Worte haben eine

überraschende Wirkung, und es entstehen Dinge daraus, die ich mir so nicht wünsche. Oder ich sage vorschnell Ja zu einer Anfrage und merke erst im Nachhinein, dass Zeit und Kraft dafür gar nicht ausreichen.

Manchmal lässt es mich Gott auch spüren, wie es sich auswirkt, wenn ich mein geistliches Leben vernachlässige. Meine Gebete werden immer kürzer und flacher und ich vergesse, mir aus seinem Wort die Ration für meinen Alltag zu holen. Hier nehme ich oft am schmerzlichsten war, dass es sich nicht auszahlt, nur für den Moment zu denken und heute zu wenig in eine tragfähige Gottesbeziehung zu investieren. Denn umgekehrt erlebe ich es genauso, wie sich z.B. ein stiller Tag, ein Seelsorgegespräch, ein Abend im Hauskreis oder eine morgendliche Gebetszeit langfristig positiv auswirken. Mein Leben gewinnt an Tiefe und an Reichtum, ich sammle Schätze, die ich auch an andere weitergeben kann, und bekomme festen Boden unter die Füße. Gott lässt es zu, dass wir die Folgen unserer Entscheidungen durchleben. Ich will mich heute dafür entscheiden, auch morgen noch nahe bei Christus zu sein.

Zum Nachdenken und Tun:

❀ Gönnen Sie sich ein paar zusätzliche Farbtupfer für das kommende Jahr. Wie wäre es mit einer neuen Blumensorte oder der langfristigen Umstellung einer schlechten Angewohnheit? So klein wie das Samenkorn, das Sie heute in die Erde legen, ist vielleicht auch der erste Schritt, den Sie in eine neue Richtung gehen. Aber der Erfolg wird größer und Sie werden Veränderung erleben.

❀ Wo können Sie morgen, in der nächsten Woche oder im nächsten Monat Zeit einplanen für die Beziehungspflege zu Jesus? Sie werden die langfristigen Folgen spüren, in Ihrem geistlichen Leben wachsen und größere Frucht bringen.

Herbst

Erntezeit

Endlich ist er da, der lang ersehnte Moment. Wir können die ersten Früchte von den jungen Obstbäumen ernten, die wir vor ein paar Jahren gepflanzt haben. Der Zeitpunkt der ersten Ernte schien mir beim Pflanzen der Bäume unendlich weit weg zu liegen und ich fand es schade, dass mit der Lieferung der Bäume nicht auch einfach ein Apfel oder eine Kirsche zum Kosten mitgeschickt wurde.

Durch die Wartezeit habe ich zu jedem einzelnen Obstbaum eine besondere Beziehung entwickelt, obwohl eigentlich mein Mann bei uns der „Baumvater" ist. Mit großer Hingabe hat er sich um jeden Baum einzeln gekümmert, ihn gewässert, beschnitten und vor Schädlingen geschützt. Obstbäume sind wie Kinder, sie haben ihren eigenen Charakter und brauchen auch eine ganz individuelle Behandlung. Der eine wächst ganz schnell und muss immer wieder beschnitten werden, seine Früchte kommen früh und zahlreich. Der andere nimmt sich Zeit, treibt da mal ein Ästchen und dort mal ein Blättchen und hat im ersten Jahr eine Frucht, dann im zweiten Jahr noch eine – bis er es sich dann doch überlegt, dass er ja eigentlich ein Apfelbaum ist und kein Zierstrauch. Dieser Apfelbaum, unser „Herrnhut", hat uns mit seinem langsamen Wachstum besonders auf die Folter gespannt, da seine Äpfel ausgesprochen süß und lecker schmecken. Als er dann im letzten Herbst tatsächlich einen ganzen Korb voller Äpfel zustande gebracht

hatte, haben wir ein Freudenfest gefeiert und jeden Apfel mit Genuss gegessen.

Ich habe mir manchmal überlegt, was wir gemacht hätten, wenn wir mit dem Geschmack der Äpfel unserer Bäume absolut nicht zufrieden gewesen wären. Einfach ausreißen und neue pflanzen? Inzwischen wissen wir, dass wir die richtigen Sorten gewählt haben und eine gute Beratung hatten.

Viele Dinge in meinem Leben tue ich einfach „auf Hoffnung", ohne tatsächlich zu wissen, wie sie ausgehen. Werden aus meinen Kindern lebenstüchtige und mutige Erwachsene, die ihren Weg gehen und den Platz einnehmen, den Gott sich für sie gedacht hat? Wird das, was ich in meinem Beruf voranzubringen versuche, irgendwann tatsächlich Früchte tragen? Werden sich meine Beziehungen positiv entwickeln, in die ich jetzt viel Zeit und Kraft investiere? Gehen die Ideen auf, die ich im Blick auf meine Zukunft habe?

Manches wird anders kommen als geplant. Hindernisse stellen sich in den Weg und dann gilt es, neu zu entscheiden und weiterzugehen. Irgendwann wird es auch in meinem Leben eine Zeit geben, in der die Kraft weniger wird und sich getroffene Entscheidungen nicht mehr einfach rückgängig machen lassen. Dann wird tatsächlich „Erntezeit" sein, und ich muss mich vor Gott und der nachfolgenden Generation verantworten für das Gewesene. Der Gedanke daran fällt mir nicht leicht;

im Moment scheint noch so vieles möglich zu sein, und ich habe das Gefühl, dass noch einiges vor mir liegt. Was wäre, wenn sie ganz schnell käme, diese „Erntezeit"? Bin ich vorbereitet auf diesen Gedanken, und habe ich mein Leben so geordnet, dass ich es mit Gelassenheit an die nächste Generation übergeben kann? Bin ich im Reinen mit meinem Gott, habe „Altlasten" beseitigt und meine Beziehung zu Jesus geklärt? Wie sähe mein Lebensfazit aus, wenn ich heute oder morgen gehen müsste? Oft schiebe ich solche schweren Gedanken zum Thema „Ernte" lieber weg, und doch weiß ich, dass ich ihnen auf Dauer nicht ausweichen kann.

Zum Nachdenken und Tun:

✄ Jesus Christus spricht: „Kommt her zu mir alle, die ihr mühselig und beladen seid. Ich will euch erquicken" (Matthäus 11,28). Welche Altlasten habe ich, die ich abgeben, loslassen oder bearbeiten muss? Gibt es ein klärendes Gespräch zu führen oder eine Entscheidung zu überdenken?

✄ Wie sieht die „Ernte meines Lebens" im Moment aus, wofür bin ich dankbar, was macht mich traurig? Was sollte ich verändern?

Tipps für die Gartenpraxis:
Äpfel ernten und lagern

Wenn sich die Frucht durch Drehen leicht vom Zweig lösen lässt, ist der Apfel reif. Natürlich schmeckt er in den meisten Fällen frisch vom Baum am besten! Manche Sorten müssen allerdings auch gelagert werden. Jonagold-Äpfel schmecken beispielsweise erst nach 1-2 Monaten Lagerung richtig gut. Wenn Äpfel richtig gelagert werden, können sie sich monatelang halten. Kleine Mengen lassen sich gut in Klarsichtbeuteln aufbewahren, in die Sie mit einer Stricknadel Luftlöcher stechen. Achten Sie darauf, dass die Äpfel beim Verpacken keine Druckstellen oder Wurmlöcher haben. Größere Mengen werden „gesetzt", dazu gibt es spezielle Apfelsteigen, es genügen aber auch saubere mit Holzwolle ausgelegte Kisten.
Äpfel müssen Sie immer getrennt von anderem Obst und Gemüse lagern. Sie sondern Äthylen ab, ein Gas, das anderes Obst schneller altern lässt. Äthylen wirkt in geschlossenen Räumen auch noch, wenn Sie die Äpfel entfernt haben.

Gut gedüngt
ist halb geerntet

Es gehört mit zu den größten Freuden meines Gartenlebens, dass eigentlich nichts umsonst wächst. Alles, was sich nicht direkt verwerten lässt, was wir vergessen haben zu ernten oder was schlicht und ergreifend verblüht, verwelkt oder vertrocknet ist, lässt sich trotzdem noch verwenden. Nein, ich bin keine Unkrautfetischistin und habe es mir bisher auch verkneifen können, halb verfaulte Äpfel bis auf das kleinste Schnitzelchen aufzubrauchen. Was seine Zeit gehabt hat, um zu blühen und zu wachsen, wird entsorgt, und zwar so, dass daraus noch was Gutes werden kann – wunderbarer, nährstoffreicher, gut durchgezogener und sehr kostbarer Kompost. Eine Perle meines Gartens!

Wen man bedenkt, dass so ein Komposthaufen eine kleine Welt für sich ist, dann kann man nur darüber staunen. Millionen von kleinen Tierchen, Mikroorganismen und Bakterien machen sich sofort ans Werk, wenn wieder Zuwachs im Kompostsammler angekommen ist. Das Ziel ist Zersetzung und Umwandlung.

„Mit Kompost ergänzt man den wichtigsten Bestandteil der oberen Bodenschichten, den Humus. Kompost hat eine relativ hohe Wasserspeicherkapazität, so dass Pflanzen, die mit ihm angehäufelt werden, Trockenperioden besser überdauern. Er hat oft einen hohen Gehalt an Nährelementen, insbesondere Phosphor und Kalium. Insgesamt ist fertiger Kompost ein hervorragendes Düngemittel und ein ausgezeichneter Bodenverbesserer", sagt das Internetlexikon Wikipedia.

Wow – etwas Totes und Vergammeltes, das so wertvoll ist, dass es anderem zu einem besseren Leben verhilft. Ich muss zugeben, dass die Hauptarbeit bei der Kompostherstellung in unserem Garten mein Mann übernimmt. Ich bin zwar dafür zuständig, den Kompostsammler zu füttern mit immer neuen „Köstlichkeiten", aber das Umsetzen und Durchsieben überlasse ich lieber ihm.

Kommt der Kompost dann auf die Beete, so fügt er sich wieder anstandslos ein in den Kreislauf von Wachsen, Werden und Vergehen. Das, was er im Wachstum fördert, wird demnächst, zumindest teilweise, wieder selbst zum Bodenverbesserer.

So stelle ich mir Teamarbeit vor. Ich nehme von dem, was andere haben, und gebe von dem, was mir gehört. Und

das wiederum werden andere nehmen und weitergeben. So lautet auch eine Gesetzmäßigkeit im Reich Gottes: Wir sind allein durch Gottes Güte, was wir sind. Und die Liebe, die er uns schenkt, und auch die Erkenntnis, die Weisheit und alle guten Gaben sollen nicht bei uns verbleiben, sondern weiterfließen. Hinein in die Gemeinde, in unsere Beziehungen, in die Gesellschaft. Christen verstehen sich immer als Netzwerkleute, als Menschen, die empfangen und weitergeben. Gelegentlich vergesse ich das und bin stolz auf meine tollen Ideen oder das, was mir gelungen ist. Dabei ist doch auch meine Idee ein Extrakt aus vielen tausend anderen Ideen, die ich mal gehört, gelesen oder beobachtet habe.

Mache ich mir das bewusst, dann lässt mich das dankbar werden für die, die vor mir da waren und geglaubt, gehofft, gebetet haben. Dankbar auch dafür, dass ich nicht jedes Rad neu erfinden muss, sondern zurückgreifen kann auf den Reichtum und die Schätze meiner Vorgänger. Und es gibt mir auch Sinn und Orientierung in meinem Leben, wenn ich weiß, dass ich nicht nur für mich und meine nächste Umgebung sorge, sondern mit meinen Gaben auch den „Pool des Lebens" speise (Kompostsammler des Lebens wollte ich jetzt nicht schreiben ...).

„Wer an mich glaubt, wie die Schrift sagt, von dem werden Ströme lebendigen Wassers fließen!", so sagt es Jesus im Johannesevangelium (7,38).

Mein Glaube ist nie reiner Selbstzweck, sondern dient der ganzen Gemeinde und der Welt, in der ich lebe. Zumindest wenn ich das Prinzip vom Geben und Nehmen ernst nehme.

Zum Nachdenken und Tun:

✂ Ich mache mir bewusst, dass ich Empfangende bin und geprägt wurde durch die Menschen, die vor mir geglaubt, gelebt und gekämpft haben. Wem bin ich in besonderer Weise zu Dank verpflichtet, von wem könnte ich lernen, wer war mir Vorbild?

✂ Ich mache mir bewusst, dass es meine Aufgabe ist, von dem weiterzugeben, was ich habe. Wer könnte auf ein Zeichen von mir warten, womit könnte ich andere erfreuen, welche Aufgabe könnte ich übernehmen?

Tipp für die Gartenpraxis:
So bereiten Sie ein neues Beet vor:

- Im Frühjahr, sobald der Boden sich aufgewärmt hat, (oberflächlich) hacken.

- Sorgfältig alle Unkräuter, Wurzeln und Steine entfernen.

- Den Kompost mit einer Schaufel auf dem Beet verteilen. Mit der Harke verteilen und flach einarbeiten.

- Dann die Oberfläche glattrechen. Die Erde sollte leicht auseinanderfallen und keine Klumpen mehr enthalten.

- Anstelle von Kompost kann auch Rinderdung verwendet werden. Verwenden Sie ca. einen Eimer Kompost pro Quadratmeter.

Resteverwertung auf andere Art:
Gemüsesuppe aus Resten

Diese Suppe ist kalorienarm, gesund, preiswert, und sie verbraucht die Reste, die sich im Kühlschrank oder Keller finden.

Alle Gemüsereste zusammensuchen, zum Beispiel eine halbe Zwiebel, drei Möhren, Sellerie, ein paar Stängel Petersilie, ein paar Rosenkohlköpfchen, eben alles, was man so findet. Kartoffeln sind gut, die geben der Suppe Substanz.

Alle Gemüse gründlich waschen, nur wenn es unbedingt notwendig ist schälen, und in grobe Stücke teilen. Alles in heißes Wasser werfen, eventuell noch mit gekörnter Gemüsebrühe würzen, salzen, pfeffern und garkochen.

Zum Schluss alles mit dem Schneidestab pürieren und noch mal würzen, möglichst mit frischen Kräutern bestreuen. Man kann die Suppe mit Linsen, Nudeln oder Reis anreichern.

Offen und

ehrlich

Vielleicht sehen Sie mich als allzeit mit Gummistiefeln und Hacke bewaffnete Unkrautjägerin und Gemüsepflegerin oder als akribische Beschneiderin von Rasenkanten? Da muss ich Sie leider enttäuschen – und will Sie zur Ernüchterung ein wenig an meinem Gartenjahr teilhaben lassen. Vielleicht hilft's ja auch denen, die genauso wie ich immer wieder mit ihrem Garten ringen und sich manchmal auch von ihm besiegt fühlen.

Es ging schon im Frühjahr „gut" los – die Aussaat der einjährigen Sommerblumen ist fast komplett nicht aufgegangen. Lag's am Wetter oder am Saatgut? Ich war aber wohl nicht die Einzige, die dieses Pech hatte. Jedenfalls bin ich dann später auch nicht mehr dazu gekommen, nachzusäen, und musste in diesem Jahr auf meine schönen üppigen Tageteswälle rund um die Beete verzichten. Auch die von mir besonders geliebten farbenprächtigen Zinnien grüßten mich nicht wie sonst aus jeder Ecke.

Radieschen, Kresse, Rucola und Salat hatte ich reichlich ausgesät – nur leider kamen eine lange Regenperiode und ein mit anderen Sachen verplantes Frühjahr dazwischen. Irgendwann wurde dann eine Radikalkur gemacht und ich entfernte die knapp halbmeterhoch gewucherten Exemplare. Ähnlich ging's mir auch mit Möhren und Zwiebeln. Im Herbst habe ich gestaunt, welche Riesen trotzdem unterirdisch gewachsen sind.

Experimentierfreudig pflanzten wir in diesem Jahr einige Gurkenpflanzen auf den Komposthaufen, und Tatsache – wir konnten den ganzen Sommer über Salatgürkchen ernten. Zucchini gab es natürlich wie immer genügend.

Nicht verschweigen möchte ich die besonders reichhaltige Erdbeerernte – das war einfach genial, und der Gefrierschrank ist gut gefüllt.

Jetzt im Spätherbst sehe ich mit gemischten Gefühlen auf mein Gartenjahr zurück. Manches wurde dann doch noch ganz gut, die Blumen blühten durch den warmfeuchten Sommer üppig wie nie. Es gibt aber auch traurige Gedanken. Für das schlechte Wetter im Frühjahr konnte ich nichts, aber sicher für meine schlechte Zeitplanung, die es mir nur selten erlaubt hat, die anstehenden Arbeiten auch wirklich zu tun. Zu viele andere Dinge schoben sich immer wieder dazwischen.

Jetzt in der Ruhezeit begegnet mir unser Garten von einer ganz anderen Seite. Er stellt zeitlich kaum Ansprüche an mich und liegt einfach so still und friedlich vor unserer Tür. Fast versöhnlich lädt er mich dazu ein, meine Beziehung zu ihm neu zu definieren. Wie viel Raum und Zeit soll seine Pflege im kommenden Jahr bei mir einnehmen? Gibt es Dinge, die ich noch mehr vereinfachen kann, oder will ich bestimmte Ecken ganz neu gestalten? Einige Teile liegen immer noch brach oder entwickeln sich ganz anders als ursprünglich geplant. Ich staune, wie mich die Schöpfung überlistet und mir ein Schnippchen schlägt. Nicht immer bin ich froh darüber, das zeigt sich im Rückblick auch in diesem Jahr.

Trotzdem – und das ist mein Fazit in dieser Herbst- und Winterzeit – trotzdem werde ich es im nächsten Frühjahr neu wagen: aussäen, umgraben, dem Unkraut Einhalt gebieten, Zeit investieren und dann mit Freuden

„Ein Mensch sieht, was vor Augen ist, der Herr aber
sieht das Herz an."

(1. Samuel 16,7)

ernten oder manchmal auch enttäuscht Misslungenes entfernen. Ich bin keine perfekte Gärtnerin und will es auch nicht werden, aber ich will mich immer wieder auf den Weg machen, dieses geschenkte Stück Land zu bearbeiten und die kleinen Mühen auf mich zu nehmen.

Im Laufe der Jahre entdecke ich immer mehr, dass Gott schwache Seiten an mir nicht einfach umkrempelt und „wegzaubert", sondern dass er es mir zumutet, mich ihnen zu stellen und an ihnen zu arbeiten. Das gelingt mal mehr, mal weniger gut. Im Rückblick sind Veränderungen oft nur sehr langsam vor sich gegangen, aber sie sind trotzdem sichtbar. Das macht Mut, entschlossen und ausdauernd zu bleiben.

Zum Nachdenken und Tun:

1. Nehmen Sie sich jetzt im Herbst und Winter vor, Ihre Beziehung zur Natur näher zu betrachten. Holen Sie in der kalten Jahreszeit immer mal wieder ein Stück von draußen herein – ein paar Zweige, vertrocknete Blumen, einen schönen Stein –, um in Verbindung zu bleiben mit allem außerhalb der Wohnung.

2. Wie echt und offen leben Sie? Sind Sie immer nur bemüht, einen guten Eindruck zu machen und perfekt zu wirken, dann ist das auf Dauer ziemlich anstrengend. Ehrlichkeit vor sich selbst, Gott und den Mitmenschen wirkt befreiend und entlastend.

Abschied

Wenn der Spätsommer sich allmählich neigt und die Tage immer kürzer werden, dann geht wieder ein Gartenjahr zu Ende. Ich muss mich verabschieden von der üppigen Fülle der Sommerblumen und von den Schätzen, die ich mir täglich aus dem Gemüsebeet naschen konnte. In früheren Jahren hat mich um diese Zeit immer so ein wenig Melancholie und Traurigkeit eingeholt. Ich bin einfach ein Sommermensch, liebe die langen Abende und die Wärme.

Inzwischen mag ich auch den Herbst, der zum Wechsel der Jahreszeiten einfach dazugehört. Manche der Sommerschätze habe ich mir als Wintervorrat angelegt, habe Kräuter gesammelt, Gemüse und Obst eingefroren oder Marmelade davon gekocht. So kann ich auch in der kalten Jahreszeit von dem Guten des Sommers profitieren. Nicht umsonst haben wir diese Angewohnheit von unseren Vorfahren übernommen.

Wie kommt es, dass wir uns oft so gegen das zur Wehr setzen, was mit Abschied und Ende zu tun hat? Werden wir gerade im Herbst daran erinnert, dass wieder ein Jahr um ist und dass unser Leben begrenzt ist?

Ich kann dem Herbst mit seinen Veränderungen in der Natur viel Gutes abgewinnen. Im Sommer erschlägt mich die Menge an Arbeit im Garten oft regelrecht. Kaum eine Woche, in der es nicht irgendetwas Dringendes zu tun gibt – ich muss unbedingt Unkraut jäten, muss unbedingt wieder Salat aussäen, sonst gibt es nicht rechtzeitig neuen, ich muss unbedingt die Beeren ernten und verarbeiten oder unbedingt zum Gärtner und Pflanzen holen.

Im Herbst habe ich nur das Eine zu tun: die Gartensaison zu beenden. Klar, die Dahlien müssen raus, Gemüse zum Lagern eingegraben werden, der Kompost muss umgesetzt und die abgeblühten Blumen müssen entfernt werden. Aber bei all dem weiß ich: Ich mache es jetzt, und dann für längere Zeit erst mal nicht mehr. Diese Arbeiten läuten eine Ruhephase ein, in der mir mehr Zeit für anderes bleibt.

Ich weiß natürlich, wie sehr sie mir auch fehlen wird, diese Arbeit im Garten, und wie ich im Winter darum kämpfe, genügend Bewegung und frische Luft abzubekommen. Die fällt mir im Sommer gratis zu, wenn ich draußen werkle und buddle.

Und Abschiedszeiten haben immer auch mit Trauer und Wehmut zu tun. Wir verlieren nicht gerne etwas, und wir leiden auch nicht gerne. Bloß gut, dass uns unser Schöpfer so gemacht hat, dass wir uns immer wieder nach dem Guten, dem Schönen und dem Neuanfang ausstrecken, sonst wäre schon mancher von uns auf der Strecke geblieben.

Bei dem Stichwort Trauer und Abschied fallen uns auf einen Schlag viele kleine und große Begebenheiten unseres Lebens ein. Ich denke daran, wie unser erstes Kind in den Kindergarten und in die Schule kam oder ich mich von einem lieben Menschen für immer verabschieden musste. Und auch bei Hochzeiten fließen jede Menge Abschiedstränen, weil eine Zeit zu Ende geht und eine neue beginnt.

Zum Nachdenken und Tun:

Was hilft mir beim Trauern und beim Abschiednehmen?

1. **Ich sage bewusst Ja** zu dieser Situation und lasse die Tränen und den Kummer zu. Sie sind ganz normale Gefühlsregungen und kein Zeichen von Schwäche. Mit dem Weinen reinigt sich unsere Seele. Die Bibel spricht hier eine sehr deutliche Sprache. Immer wieder lesen wir dort von Zeiten des Abschieds und der Trauer – aber auch davon, wie Gott sich um die kümmert, die Schmerz aushalten müssen. Sehr eindrücklich ist mir hier Psalm 126: *„Die mit Tränen säen, werden mit Freuden ernten. Sie gehen hin und weinen und streuen ihren Samen und kommen mit Freuden und bringen ihre Garben."* (V. 5-6) Und von dem Prediger lernen wir: *„Weinen hat seine Zeit, lachen hat seine Zeit; klagen hat seine Zeit, tanzen hat seine Zeit."* (Prediger 3,4)

2. **Ich suche mir Hilfe in meiner Trauer**, und diese Hilfe kann ganz verschieden aussehen – vielleicht ist es ein Bild, ein Gespräch, ein bestimmter Ort oder eine Erinnerung, die mir beim Abschiednehmen helfen. Jeder muss hier seinen ganz eigenen Weg finden.

So kann ich mir zum Beispiel all die schönen und auch weniger schönen Erinnerungen an einen Menschen oder eine Situation bewusst machen und sie aufschreiben. Oder ich fange in dieser Zeit an, Tagebuch zu führen. Auch Freunde und die Familie können wichtige Helfer sein.

3. **Ich suche nach neuen Wegen.** In jedem Abschied liegt auch die Chance für einen neuen Anfang. Das wird meist nicht sofort deutlich. Erst muss ich das Alte wirklich loslassen. Dann kann ich dem Neuen auf die Spur kommen. Völlig selbstverständlich kommt nach dem Herbst der Winter und dann wieder ein neuer Frühling. Unser menschlicher Organismus ist auf das Vergessen und Verarbeiten hin angelegt. Wenn ich es zulasse und akzeptiere, dass etwas vorbei ist, kann auch Neues wachsen und entstehen.

Winter

Reduziert auf das Wesentliche

Eigentlich ist ja der Winter die „Nicht-Garten-Zeit". Über Monate habe ich nichts weiter draußen zu tun als nur mal nach dem Rechten zu sehen, vielleicht ein bisschen zu hacken oder nach den allerersten Frühlingsblühern Ausschau zu halten. Auch mal schön.

In einer Ecke meines Gartens fängt das Leben schon sehr früh an, sich wieder zur regen. Kleine gelbe Winterlinge strecken dort ihre Kugelköpfe an eisigen Tagen aus der Erde. Die gelb-grünen Tupfer fallen in diesen Zeiten sofort ins Auge. Sie stehen im krassen Gegensatz zu dem graubraunen Einerlei des restlichen Gartens. Selbst der Rasen hat in seiner Ruhezeit alle Frische verloren und passt sich der übrigen Umgebung an.

Interessant finde ich es dann doch, einmal genauer hinzuschauen. Jetzt sind all die Dinge sichtbar, die sich in „grünen Zeiten" unter einer üppigen Blätterpracht verstecken. Eine Vielfalt an unterschiedlichen Wuchsformen, Farben und Oberflächen kann ich bei den Stämmen und Ästchen der Gehölze und Bäume beobachten. Da gibt es die Exemplare mit den glatten weichen Zweigen, die knorpeligen und holzigen und auch die richtig bunten roten und hellbraunen. Jeder Busch, jeder Strauch und jeder Baum hat so sein ganz individuelles „Gerippe". Diese eher unscheinbaren dürren und stacheligen Gebilde nehme ich sonst kaum wahr. Sie wissen sich gut zu verstecken. Dabei sind Stämme, Äste und Ästchen die „Lebensträger" schlechthin. Durch ihre Adern pulsiert der Saft einer jeden Pflanze. Sie geben den nötigen Halt und tragen im Winter Blätter und Blüten tief in sich verborgen. An ihnen kann man das Alter eines Baumes oder Gehölzes ablesen. Und sie funktionieren auch dann noch, wenn die Sommerschönheiten des Gartens mit ihrer auffälligen Erscheinung längst dem eisigen Frost weichen mussten.

Mir macht es besondere Freude, im Winter die Individualitäten meiner Gartenfreunde zu betrachten. Sie sind beständig und füllen den Platz immer mehr aus, an den sie einmal gepflanzt wurden. Bei ihnen muss ich auch nicht damit rechnen, dass sie plötzlich an einer anderen Stelle des Gartens wild herumwuchern. Sie tragen ihre Bestimmung in sich, wachsen langsam, aber stetig, und sind auch ohne Blätter eine Zierde.

Wie sieht es mit meinen inneren Werten aus? Gibt es auch da dieses „Grundgerüst", das mein Leben in sich trägt? Was macht mich eigentlich aus, wenn meine „Blätter" abgefallen sind? Oft stehe ich ganz schön nackt da, wenn mir all das fehlt, was ich sonst an Aktivitäten

oder Besonderheiten vor mir her trage. Gerade in Krisenzeiten der Krankheit oder der Trauer wird mir das besonders bewusst. Da zählen weder Leistung noch Schönheit irgendetwas. Was mich dann trägt, muss mehr sein als der äußere Schein. Auch mein Glaube reduziert sich dann auf das Wesentliche. Gott ist da und das genügt. Alle euphorischen Erfahrungen der Vergangenheit sind dann nur noch Erinnerungen.

Vom Winter lerne ich, dass es sehr hilfreich sein kann, nach allen abgefallenen Blättern und allem verblühten Leben das Wesentliche zum Vorschein kommen zu lassen. Ich möchte auch nicht zu ungeduldig auf den Frühling warten, der mit seinem Grün alles wieder bedeckt. Obwohl es schon ein Segen ist, dass er jedes Jahr wiederkommt.

Zum Nachdenken und Tun:

1. Nehmen Sie sich bei einem Winterspaziergang die Zeit, Stämme und Äste von Bäumen und Büschen intensiv zu erforschen. Eine Erinnerung an diesen Spaziergang kann als „Ästestrauß" in der Wohnung stehen und wird bald grüne Spitzen bekommen.

2. Welches „Grundgerüst" trägt Ihr Leben? Was hält Sie fest, wenn alle Äußerlichkeiten wegfallen? Werden Sie neu dankbar dafür, dass Gott das Fundament Ihres Lebens sein will und dass er Ihnen einen ganz individuellen Charakter mitgegeben hat.

Frostkeimer

Diesen Winter befindet sich alles in Wartestellung – aber es passiert einfach nichts. Zumindest nicht so dauerhaft und durchschlagend wie sonst. Die ganze Zeit über schwanken die Temperaturen zwischen Spätherbst und Frühfrühling. Nur das, was wir sonst als „klassischen Winter" kennen, will sich einfach nicht einstellen. Schade drum, finden nicht nur die Kinder, die sehnsüchtig auf den Schnee warten. Wird das in den nächsten Jahren immer so sein? Hat sich das Klima auf der Erde schon derart verändert, dass wir uns bald in einer subtropischen Klimazone wiederfinden? Mir machen diese Gedanken Angst.

Es gibt Pflanzen in meinem Garten (und nicht nur dort!), die brauchen eine minimale Portion Kälte, damit die Samen nach dem Winter überhaupt wieder auskeimen. Durch den Frost kommt es innerhalb des Samens zu einem Wachstum an keimfördernden Substanzen – hab ich mir zumindest sagen lassen. Bekommen die Pflanzen keinen Frost ab, überwiegen die keimhemmenden Stoffe. Ihren Ursprung haben all diese Pflanzen in Gegenden, in denen es merklich kälter ist als hier bei uns. Mein heiß geliebter Bärlauch, die Christrose und auch die Veilchen gehören zu dieser Pflanzenfamilie.

Wird es irgendwann in meinem Garten keine Pflanzen mehr geben, die ein paar Grad unter Null brauchen, um wieder zu neuem Leben durchzustarten? Werden die Hersteller von Mützen und Handschuhen demnächst in unserem Land Absatzschwierigkeiten bekommen?

Sicher wird es einige schlaue Leute geben, die Ideen entwickeln, was man dagegen tun kann. Die Bärlauchpflanze etwa für ein paar Stunden ins Gefrierfach legen? Eine merkwürdige Vorstellung, dass Kälte und Frost neues Leben entstehen lassen. Sehr viele Pflanzen reagieren ja äußerst empfindlich auf Minusgrade, und das Leben in ihnen stirbt ab. Aber es scheint in der Natur immer wieder auch die Ausnahme von der Regel zu geben oder eine Gesetzmäßigkeit, die allem anderen zuwiderläuft.

Landläufig vertreten auch die meisten Menschen die Meinung, dass ein gutes Leben bedeutet, frei von Sorgen, Kummer, Krankheit und anderen Katastrophen zu sein. Negative Erfahrungen werfen uns aus der Bahn. Sie sind nicht eingeplant und passen in der Regel nicht in unser Lebenskonzept. Wer plant schließlich schon im Voraus, arbeitslos zu werden oder durch eine Krankheit eingeschränkt zu leben? Unsere Lebensziele sind in aller Regel positiv formuliert und nach vorne orientiert. Wir wünschen uns Wohlergehen, Gesundheit, Erfolg und ein erfülltes Leben. Ich schließe mich da ein, auch für

„Und Gott wird abwischen alle Tränen von ihren Augen, und der Tod wird nicht mehr sein, noch Leid noch Geschrei noch Schmerz wird mehr sein; denn das Erste ist vergangen.“ (Offenbarung 21,4)

mich bedeutet es eine große Herausforderung, mit Leiden, Schmerzen und Niederlagen umzugehen.
Keinesfalls wünsche ich sie mir herbei, und ich rechne auch nicht direkt damit, dass sie eintreten könnten. Dabei ist es doch ein absoluter Trugschluss zu meinen, dass mein Leben immer gradlinig und frei von Kummer und Schmerz verlaufen wird. Ich weiß, dass ich irgendwann geliebte Menschen loslassen muss, dass mein Körper schon vom Tag meiner Geburt an begonnen hat zu altern und dass es sein kann, dass ich noch schwere Dinge durchleben muss.
Schaue ich auf mein Leben zurück, dann entdecke ich da schon die eine oder andere sehr frostige und eisige Zeit. Es gab Wochen und Monate, in denen ich das Gefühl hatte, nicht zu wissen, wie ich weiterleben soll. Schwierige Ereignisse, die auf einmal in meinem Leben zusammenkamen, zogen mir beinahe den Boden unter den Füßen weg. Dass ich heute im Rückblick sagen kann: „Ich bin durchgekommen“, das erscheint mir wie ein Wunder. Durch diese schwierigen Zeiten hat sich etwas verändert bei mir. Ich lebe weniger oberflächlich, bin dankbarer geworden, kann mich bewusster freuen an den guten Tagen und Phasen. Es erscheint mir nicht mehr so selbstverständlich, dass das Leben glatt läuft.
Hat Gott in unser Leben auch so einen Hauch von „Frostkeimer" gelegt? Brauchen wir die Krisen und Schwierigkeiten, um lebensfördernde Einstellungen zu entwickeln? Gott lässt es zu, dass unser Leben sehr verwundbar ist und dass wir auch mit allen Mitteln der Wissenschaft kein ewiges Dasein hier auf dieser Erde erreichen können.
In der Bibel lese ich jede Menge über Kummer, Schmerz und Leiden in allen Facetten – über Krankheit, Tod, Verlust, Ängste und schlimme Schicksalsschläge. Nur selten wird erklärt, warum ein Mensch all diese Dinge erleiden muss. An Jesus erkenne ich, dass Leiden einen tiefen Sinn haben kann und zu einer völlig neuen Dimension von Leben führt. Und ich lese davon, dass Gott uns verspricht: Es wird eine Zeit geben, in der die schmerzhaften Seiten des Menschseins überwunden sein werden. Bis dahin muss ich mich damit abfinden, dass kalte und frostige Zeiten zu meinem Leben gehören. Ich vertraue darauf, dass Gott mich durch diese Phasen hindurchführen wird und in ihnen neue Lebenskräfte weckt.

Zum Nachdenken und Tun:

- Wenn ich an die schwierigen Zeiten in meinem Leben zurückdenke: Was hat sich durch sie bei mir verändert?
- Was würde ich einem Menschen raten, der selbst gerade eine Krise durchlebt?
- Pflanzen Sie einige „Frostkeimerpflanzen“ in Ihrem Garten und lassen Sie sich durch sie daran erinnern, dass eisige Zeiten zu neuem Leben verhelfen können.

Mit den Wellen
schwimmen

Auch wenn der Titel darauf schließen lassen mag: In diesem Kapitel wird es nicht um Gartenteiche gehen. Ein Schwimmteich wäre zwar mein Traum, aber wenn, dann ein richtig tiefer, und ökologisch korrekt bepflanzt sollte er auch sein. Aber dieser Traum lässt sich bei uns zurzeit nicht verwirklichen. Trotzdem gibt es üppige Wellenbewegungen in meinem Garten. Es gibt „hohe" und „flache" Zeiten, absolut stürmische Phasen mit Bergen von Gras, Unkraut, Erntegaben und Blühwundern und dann eben wieder Tage und Wochen mit Funkstille. Ernteertrag gleich Null. Blumen pflücken geht nicht – aber es gibt auch keinen Rasen zu mähen und kein Unkraut zu zupfen. Das Leben findet nur unterirdisch und im Verborgenen statt. Die Wogen haben sich geglättet.

Der Abschied fand langsam statt. Ein Bäumchen nach dem anderen verlor seine Blätter, mit dem ersten Frost wichen die bunten Farben und verwandelten sich in Braun-Grau-Grün. Nur noch wenige wirklich harte Naturburschen trotzen mit ihrem saftigen Grün auch den klirrendsten Temperaturen. Rückzug ist angesagt, Windstärke null. Der Garten liegt ruhig wie ein See.

Sobald die Sonne ein paar Strahlen schickt, bläst der Lebenswind wieder stärker über die Beete, und Leben regt sich. Aber es will kein richtiger Sturm aufkommen, noch ist die Zeit dafür nicht reif. Erst muss der Winter seine Herrschaft auskosten. Ob er wieder so lange bleibt wie letztes Jahr? Viele meiner Pflanzen haben sein Kälteregiment nicht überlebt.

Von den grünen und bunten und saftigen Wellen der Sommervegetation ist jetzt keine Spur mehr. Eigentlich trostlose Aussichten – fast alles ist weg. Und doch ist die Lage nicht hoffnungslos, denn so sicher, wie nach der Nacht der Tag anbricht, ist auch diese Wachstumspause demnächst wieder vorbei. Sie ist nur eine vorübergehende Auszeit und nicht das Ende. Wie traurig wäre dieser karge Anblick, wenn er nicht mehr weichen würde, und so sehr habe ich mich daran gewöhnt, dass er bald wieder Vergangenheit ist. Früher war das anders für mich – da war jeder Herbst ein Stück Sterben. Heute sehe ich das gelassener und weiß den Wechsel zu schätzen. Und ich kenne die Kraft, die sich in dieser ruhigen

Gartenphase neu aufbaut. Die Ruhe trügt und ist nur äußerlich. Im Inneren, unter der Oberfläche, laufen gewaltige Prozesse ab.

Ein Gartenleben – mal hoch und knallbunt, mal flach und blassgrau. So ist es eben, das Leben. Und das nicht nur im Garten und in der Natur. Will ich das eigentlich wahrhaben und damit leben? Oder stemme ich mich immer wieder dagegen, schwimme gegen die Wellen und wünsche mir gerade das, was nicht da ist – im Sommer die kühle Brise und im Winter den Duft nach frischen Erdbeeren?

Ich bin so und gebe es ehrlich zu: oft unzufrieden mit dem Ist-Zustand. Und Gründe dafür gibt es immer. Wenn es turbulent und laut um mich herum ist und ein Höhepunkt dem andern folgt, dann stöhne ich über die viele Arbeit, den Lärm der Kinder, das Chaos.

Wird es dagegen ruhiger, kaum jemand ruft an, ich habe nur wenige Termine, der Briefkasten füllt sich nur mit Werbeblättchen oder die Kinder sind bei der Oma, dann breitet sich auf einmal ein Gefühl der Leere aus. Zwar tritt diese Phase viel zu selten auf, als dass ich mich ernsthaft darüber ärgern würde. Aber meine Gefühle dabei geben mir zu denken. Kann ich wirklich so wenig und so gerne

im Jetzt leben und darauf vertrauen, dass Gott nach den üppigen, heftigen oder stürmischen Zeiten auch wieder Ruhe einkehren lässt? Und auch, dass diese scheinbar ungefüllten, leeren, traurigen und sinnlosen Phasen einfach absolut ihren Platz haben in seinem Plan mit mir? Es mag ja sein, dass man das Wellenbrechen als Sport betreiben kann. Aber will ich da hinein meine Kraft investieren – in das Rudern gegen meinen Lebensstrom, in das Kämpfen an den falschen Fronten? Klar, der Winter fasst sich nun mal kalt und leblos an und gefällt mir viel weniger als der warme, angenehme Sommer. Genauso wenig wünsche ich mir Krisen, Chaos und Ungereimtheiten in meinem Leben. Möglichst harmonisch und angenehm sollte es schon sein.

Davon ist in der Bibel und auch in meiner eigenen Biografie allerdings wenig die Rede. Gott verheißt in seinem Wort nicht den Himmel auf Erden, sondern ewige Gemeinschaft mit ihm. Und er verspricht, in den sonnigen und in den kalten Zeiten mein Herr und mein Heiland zu bleiben. Das tröstet mich ungemein: „Solange die Erde steht, soll nicht aufhören Saat und Ernte, Frost und Hitze, Sommer und Winter, Tag und Nacht." (1. Mose 8,22)

Zum Nachdenken und Tun:

1. Gehen Sie in Gedanken Ihr Leben durch und forschen Sie nach dem Handeln Gottes in Ihrer Vergangenheit. Sagen Sie ja zu Ihrer momentanen „Lebensjahreszeit".

2. Sie können den dunklen Wintertagen Glanz mit selbst gemachten Duftkerzen verleihen: Alte Kerzenreste im Wasserbad schmelzen und ggf. Wachsmalkreide zur Farbverstärkung hinzugeben. Die alten Dochte entfernen und ein Sträußchen Duftkräuter (Rosmarin, Lavendel, Minze) für 5–10 Minuten hineintauchen oder ein paar Tropfen ätherisches Öl hinzufügen. Einen Kerzendocht in eine Gussform hängen, das flüssige Wachs einfüllen und erstarren lassen. Die Form von außen leicht erwärmen und die Kerze vorsichtig herausziehen.

Bianka Bleier / Annette Timmermann (Fotos)

Wo Himmel und Erde sich berühren

Meine Gartenleidenschaft

Für viele Menschen ist der Garten wie ein kleines Paradies. Ob nun Blumenfenster, Balkon oder Kleingarten - die allermeisten Menschen schaffen sich ihre eigene kleine Welt. Bianka Bleier zeigt die Freude auf, die ein Garten vom ersten Frühlingsahnen bis tief in den Herbst hinein bereitet. Stimmungsvolle Fotos und atmosphärische Texte für alle Garten- und Pflanzenfreunde!

84 Seiten, gebunden, 4-farbig illustriert
Best.-Nr. 629.269

scm SCM Collection